外務省
ガイムっち

財務省
ザイムちゃん

文部科学省
モンカ先生

国土交通省
コクどん

環境省
カンきょん

防衛省
ボーエざえもん

いちばんわかる！日本の省庁ナビ 4

財務省・文部科学省

監修：出雲明子

ポプラ社

省庁って、なんだろう？

内閣

- 安全保障会議
- 人事院
- 内閣法制局

防衛省	環境省	国土交通省	経済産業省	農林水産省	厚生労働省	文部科学省
防衛装備庁	原子力規制委員会	観光庁／気象庁／運輸安全委員会／海上保安庁	資源エネルギー庁／特許庁／中小企業庁	林野庁／水産庁	中央労働委員会	スポーツ庁／文化庁

※復興庁は、東日本大震災から10年をむかえる2021年までに廃止されることになっている。

みなさんはニュースなどで、「財務省」や「消費者庁」のような、「省」や「庁」がつく機関の名前を聞いたことはありませんか？　これらの「省庁」は、わたしたち国民が安心してゆたかなくらしを送れるように、さまざまな仕事をおこなっている国の役所です。

日本には、それぞれ役割がことなる内閣府と11の省のほか、さまざまな庁や委員会があります。この「いちばんわかる！日本の省庁ナビ」シリーズでは、各省庁の仕事をわかりやすく解説します。

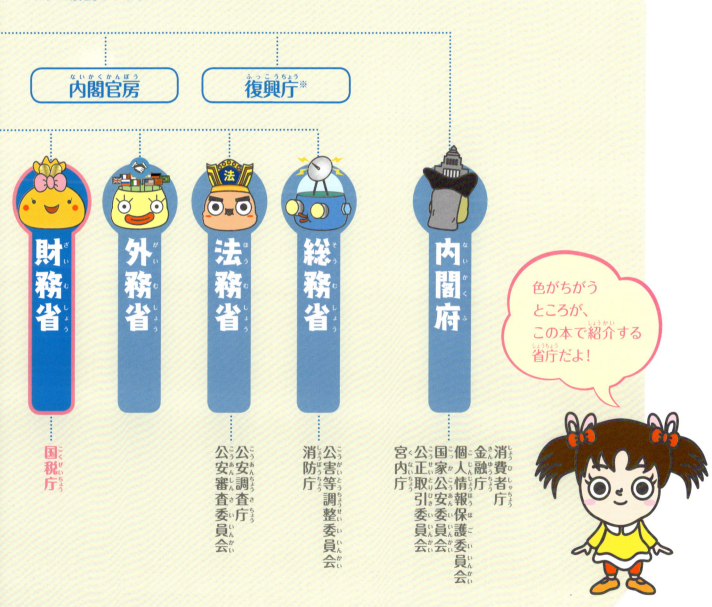

いちばんわかる！日本の省庁ナビ 4
財務省・文部科学省

もくじ

省庁って、なんだろう？……2

第1章 財務省の仕事……7

財務省ってどんなところ？……8
税金のしくみをつくる……10
お金のつかいみちを計画する……12
輸入品にかかる税金をとりしまる……14
国の財産を管理する……16
日本と外国のお金のバランスをとる……18
お金の流通量をきめる……20
国民から税金を集める 国税庁……22
そのほかの財務省の仕事……24

資料ページ
財務省 データを見てみよう……26
財務省 なんでもQ&A……29
財務省のこと、もっと知りたいなら……30

第2章 文部科学省の仕事……31

文部科学省ってどんなところ？……32
学習内容を考える 小学校・中学校・高校……34
高度な教育を手助けする 大学など……36
どこでも学習できる環境づくり……38
科学技術の発展を手助けする……40
宇宙や地球についての研究……42
スポーツを広める スポーツ庁……44
文化的な財産を守る 文化庁……46
そのほかの文部科学省の仕事……48

資料ページ

文部科学省 データを見てみよう……50
文部科学省 なんでも Q&A……53
文部科学省のこと、もっと知りたいなら……54
さくいん……55

こんにちは！
わたしは
ザイムちゃん
だよ〜。

はじめまして。
わたしが
モンカ先生だ。

ザイムちゃん(財務省)
お金の上手なつかい方をいつも考えているしっかりもの。
趣味：せつやく、やりくり
苦手なもの：かみなり
好きなことば：時は金なり

モンカ先生(文部科学省)
とても物知りで、勉強すること、人に教えることが大好き。
趣味：勉強、スポーツ
苦手なもの：ほえてくるイヌ
好きなことば：ペンは剣よりも強し

この巻では、この2人が教えてくれるんだね！

財務省と文部科学省では、どんな仕事をしているのかな？

第1章
財務省の仕事

財務省ってどんなところ？

財務省の仕事

財務省は、国のお金の番人です

わたしたちのくらす社会では、お金がないとなにもできません。古い道路をなおしたり、新しく信号機を設置したり、ごみを集めて処理したり、資源を再利用したり、どんなことにもお金がかかります。

公園の掃除をしたり、道のそばに木を植えたりするのにもお金がかかりますし、学校でつかうパソコンや実験道具を買うのだって、お金が必要です。救急車を買うのにも、火事のときなどに活躍する消防隊員に給料をはらうのにも、たくさんのお金がかかります。

そうしたお金は、いったいだれがはらっているのでしょう？　じつはそのお金、わたしたち国民が、出しあっているんです。

財務省 の仕事

　財務省は、そのお金を集めるためのしくみや、なににどれくらいつかうかを考えている国の役所です。ずるをして、お金をおさめない人が出ないように、集めたお金がむだなことにつかわれないように、国のお金を、しっかり管理しています。

　また、硬貨（コイン）や紙幣（お札）をどのくらいつくるかも、財務省がきめています。国が所有する土地や建物などの管理をするのも、財務省の仕事です。さらに、日本に持ちこんではいけないものが外国から入ってこないように、見はる仕事もしています。

　そんな財務省の仕事を、くわしく見ていきましょう。

税金のしくみをつくる

外国と交流し、話しあう仕事、道路や公園をつくる仕事、学校に関する仕事、病気の人を助ける仕事……。国がおこなう仕事につかうお金は、どうやって集めるのでしょうか。

財務省 の仕事

「税金」は社会の会費

国がおこなうさまざまな仕事には、たくさんのお金がかかるので、わたしたち国民がみんなで出しあいます。そのお金を「税金」といいます。

もし税金がなかったら、たいへんです。道路がこわれてもそのまま。警察官に道を聞くたびお金をはらい、火事で消防車をよんだときもお金をはらうことになります。病気ではたらけなくても国は助けてくれません。

そんな社会はこまるので、わたしたち国民は「会費」のように少しずつお金を出しあいます。国はそのお金をあずかり、わたしたちのくらしを守るためにつかっているのです。税金をおさめることは、国民みんながはたさなければいけない責任の一つです。

公平な税金のルールをつくる

税金は、みんなが公平におさめる必要がありますが、公平とは、みんなが同じ金額をおさめるということではありません。

もしお金持ちも貧しい人も同じ金額をおさめなければならないとしたら、貧しい人はますますくらしにこまります。ですから国は、人びとのくらしぶりや社会の状況を見ながら、税金のしくみを考えなおしています。その仕事を担当しているのが財務省です。

財務省は、どうすればみんなが公平に税金をおさめられるかを考え、なにに対して税金をおさめてもらうのか、金額をいくらにするかなどを考えています。そして、その年の税金がどれくらい集まるかを計算し、1年間に国がつかえるお金の額をわりだしています。

みんなに公平なルールをつくるのはとてもむずかしいことだけど、よく考えなくちゃいけないね。

国に入ってくるお金

下のグラフは、2017年度に、国に入るお金の内わけです。国民がおさめた税金のほかに、国は借金をして、お金を得ています。この借金の「証書」として発行するのが「国債」です。国は国債を買う人に証書をわたし、ひきかえにお金を借りています。お金を返すときは、借りた額に利子（借りたお金に上乗せしてはらうお金）がつきます。

財務省の仕事

税金の中で身近なのは、「消費税」だね。税金はお店がお客からあずかって、国におさめているよ。

ぼくがおさめた消費税も、この中にふくまれているんだね。

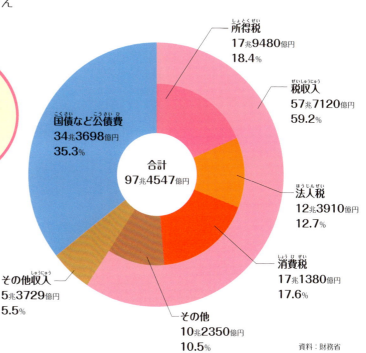

所得税 17兆9480億円 18.4%
税収入 57兆7120億円 59.2%
法人税 12兆3910億円 12.7%
消費税 17兆1380億円 17.6%
その他 10兆2350億円 10.5%
その他収入 5兆3729億円 5.5%
国債など公債費 34兆3698億円 35.3%
合計 97兆4547億円

資料：財務省

お金のつかいみちを計画する

国のお財布に入るお金が計算できたら、つかいみちをきめなければいけません。その計画は、どういったもので、どのようにきめられるのでしょうか。

財務省の仕事

「予算」ってなんだろう

税金など、たくさんのお金を集めても、計画なしにお金をつかえば、いざ必要なときに、お金が足りなくなってしまいます。みんなの家庭でも、お父さんやお母さんがかせいだお金を、趣味や遊びばかりにつかっていたら、必要なお米が買えなくなってしまうのと同じです。

そんなことにならないように、財務省は、どれだけお金が必要かを調べて、1年間の国のお金のつかいみちを考えます。入ってくるお金は「歳入」、つかうお金は「歳出」といい、歳入と歳出の計画のことを「予算」といいます。

国のお金のつかいみち

合計 97兆4547億円

- 国債費 23兆5285億円 24.1%
  国が国民などから借りているお金「国債」を返すためのお金。
- 社会保障関係費 32兆4735億円 33.3%
  病院にかかる人の治療費や薬代の一部、お年よりにはらう年金など。
- その他 9兆4275億円 9.7%
- 防衛費 5兆1251億円 5.3%
  国民の安全を守るためのお金。
- 文教・科学振興費 5兆3567億円 5.5%
  教科書代や、学校の先生の給料、宇宙開発などにかかるお金。
- 公共事業費 5兆9763億円 6.1%
  道路や公園をつくったり、災害がおきたりしたときにかかるお金。
- 地方交付税・交付金など 15兆5671億円 16.0%
  都道府県や市区町村の仕事のために出しているお金。

このグラフは、2017年度の、国のお金のつかいみちの計画です。総額は97兆4547億円で、11ページのグラフ「国に入ってきたお金」の総額と同じです。

資料：財務省

最初につくった予算では足りなくなったりしたら、それをおぎなう「補正予算」をつくるんだよ。

予算がきまるまではたいへん

　国の仕事を分担している各省庁は、なるべく自分たちの仕事にお金をつかいたいと思っています。でも、つかえる総額はきまっているので、財務省は必要なものにお金をつかい、できるだけ節約もできるように考えます。

　各省庁はまず、自分たちの担当する仕事にどれだけお金がかかるのかを財務省に提出します。財務省は、それがほんとうに必要な仕事で、実際にそれだけのお金がかかるのか、各省庁とも話しあいながら調べます。

　その結果、「この仕事はたしかに必要で、これだけのお金もかかる」となったら、財務省はそれを計算して、予算の案をつくります。でも、予算を決定するのは財務省ではありません。最終的に1年間の国のお金のつかいみちにゴーサインを出すのは、選挙でえらばれた国会議員、わたしたちの代表者です。

財務省の仕事

予算がきまるまで

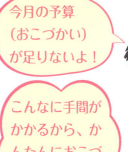

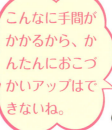

輸入品にかかる税金をとりしまる

財務省は、外国とものの売り買いをするときにかかってくる税金に関する仕事もします。そこでは、国民の安心と安全を守る役目もはたしています。

財務省の仕事

輸入のときにかかるお金

日本は、外国とものを売り買いする「貿易」をしています。外国のものを買うことを「輸入」、日本のものを外国へ売ることを「輸出」といいます。輸入をする場合、買うものの価格にプラスして国に税金をおさめるルールがあります。この税金を「関税」といいます。財務省は、関税のしくみをつくり、税がきちんとおさめられているかをとりしまる仕事をしています。

関税には、日本の産業を守る目的があります。外国から安い製品や農産物などがどんどん輸入されると、国内の企業や農家などがつくったものが売れなくなってこまるので、税をかけることで輸入品の価格を上げ、それをふせいでいるのです。ただ近年は、関税はしだいに下げられていて、その役目はうすれてきています。

※乗用車など、一部の輸出品にも関税がかかる場合があります。

関税の率は、輸入品によってちがう

- 米（精米） 1kgあたり341円
- チーズ 22.4〜40%
- 茶葉（ウーロン茶、紅茶） 3〜17%
- 書籍、雑誌 無税
- 乗用車 無税
- 毛皮のコート 20%

10kgの米を輸入するのに、3410円も関税がかかるんだ！

米のような重さあたりの額ではなく、%になっているものは、取り引きする価格を元に税金の額をきめるんだよ。

正しい貿易を守る

貿易の際に、日本にもちこんではいけないものが外国から入ってこないように、空港や港で目を光らせることも財務省の仕事です。拳銃や、偽物のブランド品、麻薬や、絶滅が心配されている動物や植物などが日本にもちこまれないように、監視しています。担当するのは、財務省の中におかれている「税関」という機関です。

税関は、外国からの飛行機が着く空港や、船が着く港にかならずあります。外国から帰国した人や来日した外国人は、そこで、関税のかかる品物をもっていないか、日本へのもちこみが禁止されているものをもっていないか、調べられます。もちろん、貿易で日本にとどいた貨物の中身も、しっかり調べられています。

日本の税関

税関の大きな事務所は、日本全国に9か所あります。それぞれに、たくさんの支署や出張所などがあります。

函館税関
横浜税関
大阪税関
神戸税関
東京税関
門司税関
名古屋税関
長崎税関
沖縄地区税関

財務省の仕事

荷物を調べる税関の職員。

いっしょにいるのも税関の職員だよ。

麻薬探知犬は、財務省の仕事をしているんだね。

出典：税関ホームページ

カバンの中などに麻薬がかくされていないかをさがす麻薬探知犬。

国の財産を管理する

土地や建物、乗りものなどの「国の財産」を管理するのも、財務省の仕事です。国の財産は、ものによっては売ったり貸したりすることもあります。

財務省の仕事

国の財産ってなんだろう

日本各地の土地や建物、飛行機や船など、国が仕事などでつかうためにもっている財産のことを「国有財産」といいます。

たとえば、国民の代表が話しあう国会議事堂は国有財産です。国の省庁がある庁舎、皇族の住まいである皇居、外国からのたいせつな客をまねく迎賓館なども、国有財産です。

自衛隊や海上保安庁などがつかう飛行機や船も国有財産で、政府専用機や南極観測船もそこにふくまれます。

国有財産は、わたしたちの身近な場所にもあります。国道や国有林、国営公園や国立公園などです。国民のくらしにとくに重要な川（一級河川）は国が管理していますが、それらも国有財産です。

さまざまな国有財産

国会議事堂。敷地と建物は国有財産。

天皇や総理大臣などが移動するときにつかう政府専用機。

国有財産は、国民のためにある

国有財産のなかには、売ったり貸したりできるものもあります。財務省は、つかわなくなった財産を各省庁から引き取り、国民のためになるつかいみちを考えます。

たとえば近年では、保育園が不足して問題になっているので、財務省は、つかわれていない土地の情報を地方自治体に伝え、売ったり貸したりして、その場所に保育園をふやすというとりくみをしました。

また、大きな地震などの災害がおきたときなどは、国有財産の庁舎などを避難所としてつかえるようにしたり、災害で家をうしなった人に、国のためにはたらく国家公務員の宿舎を無料で貸したりもします。国有財産は、国民みんなの財産なので、国民のためになるように、財務省は考えています。

財務省の仕事

国有財産は、万一の災害のそなえになっていることも多いよ。

日本には国が管理している国営公園が17か所あり、大きな公園が多い。写真は、東京の昭和記念公園。

国がもっている土地の面積は、日本全体の約４分の１にもなるんだ。そのほとんどが国有林で、たいせつにされている。だから、日本には森林が多くのこっているんだね。

国有地を借りてつくられた保育園。介護施設や医療施設などにも、国有地はつかわれている。

国有財産をむだにせず、国民が有効につかえるように考えているんだね。

日本と外国のお金のバランスをとる

日本と外国では、つかわれているお金も、その価値もちがいます。財務省は、ちがう国どうしでも、うまく貿易ができるようにするための仕事をしています。

財務省の仕事

お金を交換するときの率

　これからアメリカ旅行に行くとします。日本のお金の「円」をもっていっても、アメリカのお店ではつかえません。そこで、円をアメリカのお金の「ドル」に交換します。このときの交換する率を「為替レート」といいます。

　ニュースで、「現在の為替レートは1ドル＝110円」などと聞いたことはありませんか？　これは、「110円と1ドルが同じ価値で、110円を1ドルに交換できる」という意味です。

　為替レートは、一定ではなく、つねに変化しています。たとえば、「1ドル＝100円」だったのが「1ドル＝95円」になると、1ドルと交換するのに100円出していたのが、95円ですみます。つまり、円の価値がドルにくらべて高くなったのです。この状態を「円高」といいます。逆に、「1ドル＝120円」になれば、1ドルに交換するために120円出すことになるので、円の価値が前より低くなります。この状態を「円安」といいます。

為替レートはなぜかわる？

　為替レートは、そのときの2つの通貨の力関係できまります。日本円とアメリカドルでいえば、円を必要としている人がより多ければ、円の価値が上がる「円高ドル安」になり、アメリカドルを必要としている人がより多ければ、「円安ドル高」になります。ふつうは、より強い力をもつ国のお金のほうが、価値が高くなりますが、その力は、こんな目安できまります。

株の価値

「株」は、会社が活動するのに必要なお金を集めるために売り出すもの。その国の会社がもうかっていると、外国人も株を買いもとめるので、世界からお金が集まる。

為替レートを安定させる

為替レートは、海外旅行に行かなくても、わたしたちのくらしに関係があります。日本は、外国からものを買っているからです。

たとえば1ドル＝100円のときは、100ドルのものを輸入するのに、1万円かかっていました。これが円安で1ドル＝120円になると、同じものを買うのに1万2000円かかります。こうして海外の製品や原材料費が高くなると、わたしたちが買うものの値段も高くなってしまいます。

円高と円安は、どちらにもよい面と悪い面があり、為替レートが急激に上がったり下がったりすると、わたしたちのくらしに大きく影響します。財務省は、世界の国ぐにの経済や政治のようすを調査し、各国と経済の交流を進めたり、経済政策を話しあったりして、為替レートが安定するように努力しています。

銀行の金利

「金利」は、銀行にお金をあずけたときの利子。金利の高い国の銀行にあずければ、お金がふえるので、外国からお金が集まる。

政治の安定感

戦争やテロがおきたり、政治がうまくいっていなかったりする国だと、その国のお金をもつのが不安になる。政治が安定している国のほうにお金が集まる。

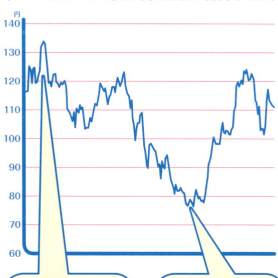

為替レートの移りかわり
（1アメリカドルに対する円の価値の変化をしめす）

円安
よい面：日本でつくったものの値段が外国でより安くなり、売りやすい。
悪い面：海外の製品が高くなる。海外からの原材料費も高くなる。

円高
よい面：海外の製品を安く買える。海外からの原材料も安く買える。
悪い面：日本でつくったものの値段が外国でより高くなり、売りにくくなる。

お金の流通量をきめる

わたしたちがつかうお金をつくる方針を考えることも、財務省の仕事です。貨幣（コイン）と紙幣（お札）は、それぞれ別の機関でつくられます。

財務省の仕事

貨幣をつくる「造幣局」

わたしたちがつかう貨幣（コイン）をつくっているのは、財務省が管理する機関である「独立行政法人　造幣局」です。

財務省は、全国にお金がどれくらい流通しているかを調べ、毎年、それぞれの貨幣を新たに何枚つくるかきめます。造幣局は、その計画にしたがって、貨幣をつくります。

お金は、国民が「これはお金」と信じることではじめて価値をもちます。手元の500円玉が本物か偽物かわからないような状況だったら、人はうたがい、受けとらないかもしれません。

そんなことのないよう、造幣局は、偽造されないような高い技術で貨幣をつくり、財務省はその仕事をとりしきっています。万一、偽造硬貨が発見されたとき、その特徴などをいち早く国民に知らせるのも財務省の役割です。

2017年度の貨幣製造計画

種類	枚数	金額
500円	4億5000万枚	2250億円
100円	5億4400万枚	544億円
50円	800万枚	4億円
10円	1億1500万枚	11億5000万円
5円	3300万枚	1億6500万円
1円	100万枚	100万円
計	11億5100万枚	2811億1600万円

資料：財務省

コインを見ると、つくられた年が書いてあるよね！

貨幣の厚みにしあがった金属の板を、貨幣の形に打ちぬき、模様を入れる。

紙幣づくりは「国立印刷局」

お金には、貨幣のほかに紙幣（お札）があります。紙幣には、「日本銀行券」と書かれています。これは紙幣の正式な名前をしめし、発行しているのは、日本の中央銀行である「日本銀行」です。

といっても、日本銀行が好き勝手に印刷しているわけではありません。それぞれの紙幣を印刷する枚数は、財務省が定め、毎年日本銀行はそれを受けて、「独立行政法人　国立印刷局」に注文します。

造幣局と国立印刷局は、もとは財務省の一部でしたが、現在は独立した機関となり、財務省がその仕事を管理しています。

中央銀行は、国のお金をあずかったり、銀行にお金を貸したりしている特別な銀行だよ。

日本銀行の本店。一般の人が貯金したりはできない。

財務省の仕事

たしかめよう！　日本の紙幣のすごい技術

- インクを高く盛りあげる技術がつかわれている。さわるとざらざらするのは、インクが盛りあがっているため。
- 目の不自由な人でも、さわるだけでわかるように、紙幣の種類ごとにちがうマークがつけられている。
- 角度をかえると、サクラの模様や、その紙幣の額などが見える。
- 角度をかえると、表面にはその紙幣の額、裏面には、「NIPPON」の文字がうかぶ。
- 表面の肖像と同じ模様の「すかし」がある。「すき入れ」といって、紙の厚さをかえることで表現されている。
- 虫めがねでないと見えないほど小さな文字で、「NIPPON GINKO」とある。カラーコピーをしてもきちんとうつらない。
- かたむけると、ピンク色にかがやく。
- 紙幣をすかして見ると、ここにはたての線のすかしが入っている。紙幣の種類によって数がちがう。

高い技術で偽造をふせぐんだよ。

国民から税金を集める　国税庁

10〜11ページで、わたしたちのくらしを守る税金について話しました。今度は、その税金を集めている「国税庁」の仕事のようすを見てみましょう。

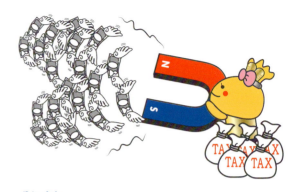

財務省の仕事

税金を集める仕事

財務省がつくった税金のしくみにしたがって、国民から税金を集めているのが「国税庁」です。国税庁は、財務省に所属している役所で、全国11か所に「国税局」、沖縄県には「国税事務所」をおき、その下に524か所の「税務署」をおいて、税金を集めています。

たとえば所得税（→10ページ）の場合、税金をおさめる人やその人がつとめる会社が、収入などを計算し、書類を出すことで、税の金額がきまります。きまった税金は、本人や会社が税務署にふりこむしくみです。そのため、期限におくれることなく、正しく書類を出して税金をおさめることがとてもたいせつです。

国税庁は、税のたいせつさやわかりやすい手続きのしかたを広め、国民が税をおさめる義務をしっかりはたせるようにしています。また、税金をおさめない人をとりしまる仕事もしています。

税金をおさめるしくみ

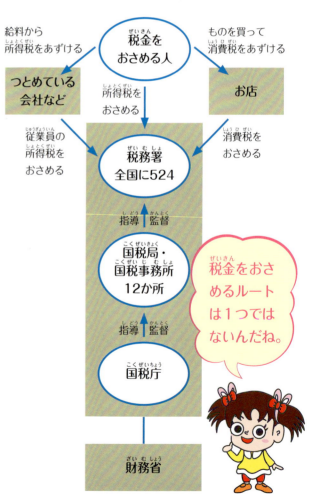

税金をおさめるルートは1つではないんだね。

所得税をおさめるまで

　所得税を例に、税をおさめるまでを見てみましょう。会社につとめる人は、税金を、会社にかわりにおさめてもらっています。
※基本的なやり方をかんたんにして説明しています。

税金を集める窓口の税務署は、国民にもっとも身近な税金に関する役所だよ。

会社につとめている人

会社が、その人の給料に対して、毎月の所得税を計算する。

会社は、給料からその人の税金をあずかり、地域の税務署におさめる。

商店など、自営業の人（会社づとめではない人）

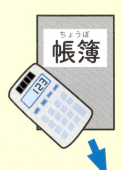

1年間の収入や、仕事にかかった経費、材料費などを記録しておく。

前の年の1年間の所得（収入から経費などを引いたもの）をもとに、おさめる所得税の額を自分で計算する。

その結果を書類にして、きまった期間内に、地域の税務署に提出する。税務署はそれをチェックする。

所得税を、自分で税務署におさめる。銀行やコンビニなどでふりこむことができる。

財務省の仕事

そのほかの財務省の仕事

「財政投融資」でお金を貸す

財務省は、国にとってたいせつな仕事をする会社などに、お金を貸しています。ふつう、会社がお金が必要なときは、銀行などから借ります。ただ、銀行は、利子をつけてきちんとお金を返してくれると信用できる会社には貸しますが、信用できないと貸してくれないことがあります。でも、そういう会社でも、日本の産業をささえる、たいせつな仕事をしていることがたくさんあります。

そこで国は、お金を出して公庫（国がつくった銀行のこと）などをつくり、いろいろな会社がお金を借りられるようにしています。そこで貸しているお金は税金ではありません。「財投債（国債の一種）」というものを発行し、これを買う人から借りて集めたお金です。公庫のほかに、公的機関も財投債を発行しています。

こういったしくみがあることで、低い利子でお金を貸すことができます。このしくみのことを「財政投融資」といいます。

財政投融資を生かしている分野

どれも、民間の銀行などがお金を貸しにくい分野です。このほかにも、さまざまな分野でつかわれています。

農林水産業

自然災害のおきる危険がある、収穫まで時間がかかるなどの理由でお金が借りられないときに、国が助ける。

福祉・医療
子どもやお年よりのための施設づくりをすすめるために、お金を貸す。

中小零細企業

銀行などからお金を調達できない会社に、お金を貸す。

教育
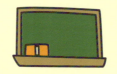
学生に、勉強のために必要な「奨学金」を貸す。

社会資本

空港や鉄道、高速道路づくりなど、完成まで時間がかかる大プロジェクトに、お金を貸す。

国の将来的な財政を考える

国や都道府県、市区町村が行政サービスをおこなうためのお金は税金でまかなわれていますが、国のお財布は大赤字。国は、1年間に必要なお金の3分の1を借金して、やりくりしています。

それでも毎年たくさんお金がかかるので、借金はへるどころか、ふえるいっぽう。世界の先進国とくらべても、日本の財政はきびしい状況です。しかも日本はこれから、お年よりがどんどんふえていきます。年をとったり、体を悪くしたりしてはたらけない人がふえてくるので、入ってくる税金はへり、その人たちをささえるためのお金がますますかかるようになります。

財務省はそんな財政を、どうやったら黒字にもっていけるか、考える仕事もしています。

> 高齢化をむかえる社会にあうような財政を考えなくちゃいけないんだ。

切手やパスポートをつくる

紙幣をつくっている国立印刷局では、パスポートや郵便切手などもつくっています。

パスポートは、「その人は日本人である」と国籍と身元を国が保証する証明書です。また、切手は、郵便料金をすでにはらったということを証明します。

どちらも偽物がつくられてはこまるので、国立印刷局が、高い技術で印刷しています。

国が発行する日本のパスポート。

塩に関する仕事もしている

塩は資源の少ない日本にとって、たいへん重要な商品でした。そのため、塩の製造や販売などは、1905年から92年間にわたって、国がおこなっていました。質のよい塩を安定した価格で売ることで、国が収入を得ることができたのです。

このしくみ（専売制）は、いまはなくなり、民間の会社などが塩を売ることができるようになりました。

しかし、塩をつくることは国にとって重要な産業なので、現在でも、塩をつくったりするときは、財務省（地域の財務局）への申請が必要になっています。

財務省の仕事

財務省　データを見てみよう

「お金」は国にとってとても大事なものなので、財務省の仕事もそれだけ重要です。
日本の「お金」について、いろいろなデータを見てみましょう。

日本に出回るお金はどのくらい？

日本には2017年現在、100兆円をこえるたいへんな量のお金が流通しています。その額の大部分は金額の大きい紙幣（お札）で、およそ5％程度が貨幣（コイン）です。

紙幣と貨幣は、財務省が関係する機関（→20～21ページ）が発行しています。しかし、発行する量などをきめているのは、国全体の財政をとりしきる財務省です。お金をつくりすぎたり、逆に少なすぎたりしてお金の流通量のバランスがくずれると、物価が不安定になり経済が混乱してしまうので、財務省の役割はとても重要です。

日本に流通しているお金の量（2017年）

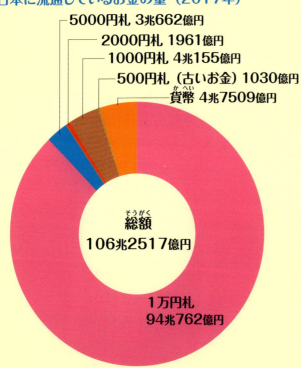

- 5000円札 3兆662億円
- 2000円札 1961億円
- 1000円札 4兆155億円
- 500円札（古いお金） 1030億円
- 貨幣 4兆7509億円
- 総額 106兆2517億円
- 1万円札 94兆762億円

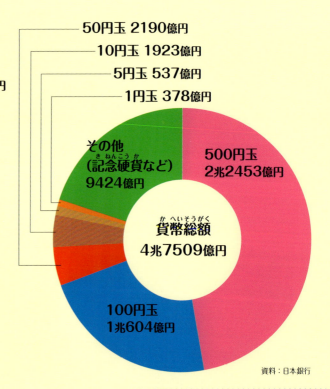

- 50円玉 2190億円
- 10円玉 1923億円
- 5円玉 537億円
- 1円玉 378億円
- その他（記念硬貨など） 9424億円
- 500円玉 2兆2453億円
- 貨幣総額 4兆7509億円
- 100円玉 1兆604億円

資料：日本銀行

円の価値はどうかわったか

現在のお金の価値は、つねに変動しています（→18ページ）。日本の通貨である「円」の価値は、かつてはそれほど高くありませんでした。

かつて、アメリカと日本の為替レートは1ドル＝360円と固定されていましたが、1971年に、現在のように為替レートが変動する制度にきりかわりました。日本の経済が成長するのにともなって、日本円の価値も上がっていったのです。

ものの値段の比較（2015年）

国名	米（1kg）	コーラ(350cc)
日本	386円	67円
インド	105円	58円
韓国	409円	126円
中国（北京）	55円	43円
オーストラリア	260円	70円
ベルギー	506円	109円
アメリカ	479円	72円
ブラジル	168円	88円
南アフリカ	83円	76円

それぞれの国での米とコーラの価格が、日本円でいくらになるかをしめしたもの。　　資料：国際金融情報センター

為替レートの移りかわり

1アメリカドルに対する日本円の価値の移りかわりをあらわす。　　資料：財務省

約50年前にくらべて、日本円の価値は3倍以上になっているんだね。

ここ20年ほどは、多少の変動はあっても大体一定のはばにおさまっているよ。

財務省の仕事

財務省の仕事

日本は借金大国？

「日本の借金はふえつづけている」というのを、ニュースで聞いたことはありませんか？

国の借金の証書を「国債」（→11ページ）といいますが、日本は毎年、数十兆円にものぼる国債を発行し、お金を借りています。日本の国債残高（返していない借金）の割合は、外国とくらべても大きくなっています。

このまま借金がふえていってしまうと、将来的な日本の財政が心配されます。経済を成長させて税金収入をふやす、むだな出費をへらすなど、さまざまな解決方法が考えられています。

国債残高の外国との比較（2016年）

日本	232.4
ドイツ	75.0
カナダ	94.8
アメリカ	111.4
フランス	121.3
ギリシャ	200.0
イギリス	115.5
イタリア	159.9

数値は、GDP（国内総生産）＊に対する国債残高の割合をしめしている。日本のように200をこえると、生産力の2倍以上の借金をかかえていることになる。
資料：財務省

＊GDP（国内総生産）：ある期間に、国内で生産されたサービスや製品などの価値の合計。その国の生産力や景気を知ることができる。

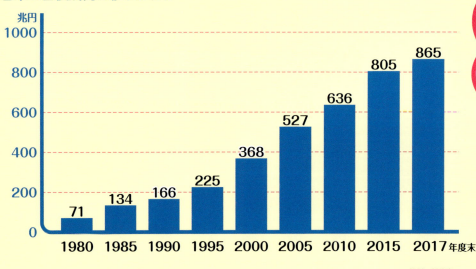

日本の国債残高の移りかわり（兆円）
- 1980: 71
- 1985: 134
- 1990: 166
- 1995: 225
- 2000: 368
- 2005: 527
- 2010: 636
- 2015: 805
- 2017年度末: 865

資料：財務省

どうしても必要な場合もあるけれど、借金がふえすぎるのはよくないね。

財務省　なんでもQ&A

これまでのページで学んだこと以外にも、財務省についてのいろいろな疑問をたずねてみましょう。

財務省は、いつ、どうやってできたの？

財務省は、もともと「大蔵省」という役所で、2001年に現在の名前になったんだ。その際、銀行などの金融機関を監督する「金融庁」がきりはなされて、内閣府におかれるようになったよ。

子どももおさめなくちゃいけない税金はあるの？

ものを買うときにかかる「消費税」があるね。消費税は、国民全体から広く少しずつ集めるのが特徴で、日本では1989年に導入された税金だよ。

国におさめる税金と、都道府県や市区町村におさめる税金はちがうの？

税金のうち、国におさめるものを「国税」、都道府県や市区町村におさめるものを「地方税」というよ。はたらいて得たお金からおさめる所得税（→10ページ）が、代表的な国税。地域でかかる費用を住民が分担する「住民税」が、地方税の代表的なものだよ。

偽札をつかってしまったら、どうなるの？

偽札をそれと知っていてつかったり、つくったり、外国からもちこんだりすることは、すべて法律で禁止されている犯罪だよ。もしも偽札を見つけたら、すぐに警察にとどけよう。

財務省の仕事

財務省のこと、もっと知りたいなら

財務省について、もっと深く知りたい人のために、財務省の仕事にかかわる本やホームページ、見学できる施設などを紹介します。

わからないことは、施設の人に問い合わせてみるのもいいね。

オススメの本

「税ってなに？」（全4巻）

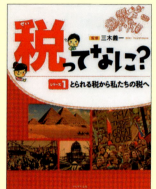

三木義一／監修
かもがわ出版

国民がおさめる税金の目的やつかいみち、しくみや種類など、税に関するさまざまなことを、わかりやすく解説したシリーズ。

オススメの施設

造幣博物館（本局）
貨幣（コイン）ができるまでの工程を、実物とくわしい説明でわかりやすく展示している。世界のさまざまな貨幣の展示もある。
住所：大阪府大阪市北区天満1-1-79
電話：06-6351-8509

昔、日本でつかわれていたお金や、世界のお金の展示。

日本銀行金融研究所貨幣博物館
大昔につかわれていたお金の展示やさまざまな資料を通じて、日本での「お金の歴史」を学べる博物館。
住所：東京都中央区日本橋本石町1-3-1 日本銀行分館
電話：03-3277-3037

オススメのホームページ

財務省キッズコーナー
ファイナンスらんど
http://www.mof.go.jp/kids/index.php
財務省の仕事を、わかりやすく紹介したサイト。ゲームコーナーやQ＆Aコーナーもある。

にちぎん☆キッズ
https://www.boj.or.jp/z/kids/index.html
お金とはなにか、お金の流れや価値などについて、たくさんのイラストを使用して解説。

第2章
文部科学省の仕事

文部科学省ってどんなところ？

文部科学省の仕事

文部科学省は、「教育」の役所です

　日本では、どこに住んでいても、小学校や中学校で同じ内容の教育を受けられます。

　それは、日本のどの地域の学校でも、わたしたちが同じ内容の学習ができるように、文部科学省がしくみをつくっているからです。

　文部科学省は、算数、国語、理科、社会、体育などの学習の内容や授業数をきめたり、小・中学校のしくみをととのえたりしています。また高校についても、さまざまな基準や方針をきめています。

　さらに、わたしたちが学校を卒業してからも、勉強をつづけたり、教育を受けたり、スポーツをする機会をつくったりするために、いろいろな方法を考えています。

文部科学省の仕事

　文部科学省は、宇宙や海洋の研究をはじめ、科学技術を発展させるために、研究に対してお金を出すなど、さまざまな手助けもしています。

　また、文部科学省に所属するスポーツ庁では、スポーツ選手の育成や、オリンピックに関する仕事もしています。同じく文部科学省に所属する文化庁では、日本の文化を守り、世界に広める活動などをおこなっています。

　このように、文部科学省は、教育だけでなく、科学技術の研究やスポーツ、文化の保護といった、はば広い役目をになっています。文部科学省の仕事を見ていきましょう。

学習内容を考える 小学校・中学校・高校

わたしたちは学校で、国語、算数、理科、社会、音楽、体育などの科目を勉強します。勉強する科目や内容、学校に通う日数などは、だれがきめているのでしょうか。

文部科学省の仕事

小学校と中学校は義務教育

　日本では、小学校と中学校に、だれでも通うことができます。それは憲法第26条で小学校・中学校に通うことが子どもの権利だとみとめられているからです。

　そのため法律で、小学校6年間と中学校3年間を、かならず教育を受けさせなければいけない「義務教育」に定めています。最近では、小学校と中学校がいっしょになった「一貫教育」も進められています。高校は義務教育ではありませんが、現在は大半の生徒が進学しています。

　小学校・中学校や、高校の教育方針を考えているのが、文部科学省です。そして、文部科学省がきめた大きな方針にそって、地域の「教育委員会」という組織が、先生を採用する試験をしたり、つかう教科書をきめたりといった、実際の教育の仕事をおこないます。

高校進学率の移りかわり

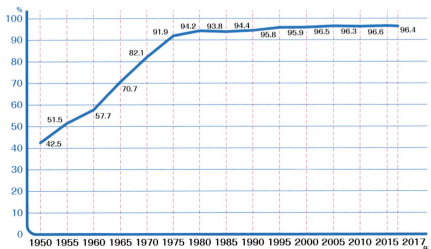

資料：文部科学省「学校基本調査」

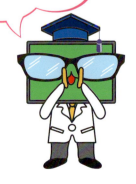

文部科学省は、幼稚園の教育方針を考える仕事もしているよ。

学習の方針をきめる

わたしたちは、北海道、東京、沖縄など、全国どの小・中学校でも、同じ内容の教育を受けることができます。それは、どんな教科を、どの学年でどのように学ぶかの基準があるからです。この基準を作成するのが、文部科学省です。

時代が変化すると、この基準も古くなるので、約10年に一度、見直しがおこなわれます。外国語学習がはじまる学年がかわったり、デジタル教科書がつかわれるようになったりするのも、基準が見直されたためです。

わたしたちがつかう教科書も、この基準にそって教科書会社がつくっています。教科書の内容がふさわしいかどうかを文部科学省が審査し、合格したものが発売されます。数種類の合格した教科書の中から、都道府県や市区町村の教育委員会が、その地域でつかう教科書をきめています。

文部科学省の仕事

学習指導要領できめられていること

上で説明した基準のことを、「学習指導要領」といいます。きめられていることの例を見てみましょう。

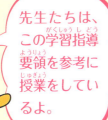

先生たちは、この学習指導要領を参考に授業をしているよ。

算数
小学5年生では三角形や平行四辺形などの面積および直方体などの体積を求めることができるようにする。

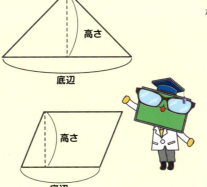

外国語（英語）
小学5年生と6年生では1年で35時間（2020年度からは70時間）の外国語（英語）活動をおこなう。あいさつや買いものなど、実際に英語をつかう場面を想定して学ぶ。

高度な教育を手助けする　大学など

高校を卒業してから、はば広い教養を身につけたり、専門的な勉強をしたりするのが大学や専門学校です。卒業後に社会で活躍するような人を育てるしくみが考えられています。

文部科学省の仕事

大学の環境づくりの支援

全国の大学では、たくさんの研究がおこなわれていて、それにはたくさんのお金がかかります。国は、研究に対する審査をおこない、たいせつな研究だとみとめられたものにお金を出すなどの手助けをしています。このように、大学を支援するのも文部科学省の仕事です。

また、大学への進学を希望する高校3年生などを対象に、全国いっせいにおこなう選ばつ試験の方針をきめるのも文部科学省です。現在おこなわれている大学入試センター試験には、多くの大学が参加しています。

> 大学入試センター試験は、2020年からは、考える力や表現する力を重視する「新共通テスト」にかわることがきまっているよ。

> わたしたちも将来受けることになるかもしれないね。

大学入試センター試験のようす。

私立の学校も手助け

学校には国や都道府県、市区町村がつくった国公立の学校のほかに、民間がつくった私立学校があります。国公立の学校だけでは、学びたいすべての人を受け入れることはとうていできません。私立学校も日本の学校教育をささえている大事な学校です。

私立学校は、校舎を建てたり、運営したり、先生にしはらったりする費用の大部分を、国や都道府県ではなく学校が負担しなければなりません。文部科学省では、私立学校が充実した教育をおこなえるようにお金を出すなどの手助けをしています。

進学する人を助ける制度

お金がなくて授業料などがはらえず、高校や大学、専門学校（→39ページ）に進学するのがむずかしい人がいます。文部科学省では、そのような人たちにお金（奨学金）を貸し出す制度をつくっています。

ふつう銀行などでお金を借りるときは、借りた相手に利子（借りたお金に上乗せしてはらうお金）をつけて返す必要があります。しかし、卒業後、はたらきながらお金を返すことがたいへんな人もいるため、無利子や低い利子でお金を借りられる制度があります。

返さなくてもよい奨学金もあるよ。

文部科学省の仕事

奨学金の給付人数の移りかわり

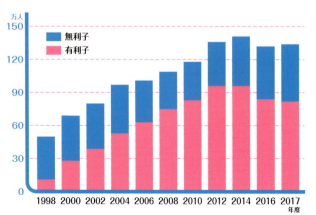

奨学金を受ける人は、20年で2倍以上にふえている。　資料：文部科学省

どこでも学習できる環境づくり

学校だけでなく、地域や家庭でおこなう教育もたいせつです。文部科学省は、子どもからおとなまで、いつでもどこでも勉強できる環境の整備をしています。

文部科学省の仕事

 学校でなくても学べる

　勉強することができる場所は、学校や家だけではありません。

　たとえば、学校や教育委員会、地域の人や団体がおこなうとりくみの一つに、「土曜学習応援団」があります。幼稚園生から高校生までが参加でき、土曜日などにさまざまな教科の授業を受けられるほか、工場や会社などを見学することもできます。

　また、学習がおくれがちな中学生や高校生などに対して、苦手な教科の学習を手助けする「地域未来塾」というとりくみもあります。

　文部科学省はこれらの活動に協力することで、子どもたちがさまざまな場所で、いろいろな体験学習をする手助けをしています。

小学生から中学生を対象とした、「土曜学習応援団」での理科実験のようす。写真は、東京理科大学が協力しておこなわれたもの。

学校の勉強以外の体験をたくさんすることも、たいせつだね。

おとなの学びを応援する

やむを得ない理由で学校をやめたり、進学できなかったりして、早くからはたらきだした人や、大学を卒業してからも、学校にもどって勉強したいと考える人もたくさんいます。
文部科学省では、そうしたおとなたちがあきらめることなく学べるように、いろいろなしくみをととのえています。

一生を通じて学ぶことを「生涯学習」というよ。

いつでも、勉強をやりなおせるチャンスがあるんだね。

おとなが学ぶための環境整備

高等学校卒業程度認定試験

高校を卒業していない人に対して、「卒業したと同じ程度の学力をもっている」ことをみとめるための試験。合格すると、大学などの入学試験を受ける資格を得られます。

仕事の知識や技術を学ぶ専門学校

語学や医療、工業など、仕事に役立つ専門的な知識や技術を学ぶのが専門学校。文部科学省では、学校の施設整備にかかるお金を出したりしています。

会社に就職する際に学力をもとめられることも多いので、そうしたときの証明書としてつかうこともあるよ。

家で高度な学習ができる放送大学

放送大学は、文部科学省（当時は文部省）が開校した学校で、現在は私立大学となっています。入学試験はなく、自分が学習したい科目をえらんで、おもにテレビ・ラジオやインターネットなどを利用して授業を受けます。

放送大学には、学習センターやサテライトスペースといった、自宅以外で授業を受けられる施設も全国にある。

文部科学省の仕事

科学技術の発展を手助けする

科学を研究して、新しい技術を生みだすことへの手助けをしています。科学に興味をもち、将来、研究者や技術者になるような人材を育てることも、大事な仕事です。

文部科学省の仕事

研究を助けて、人材を育てる

科学技術の研究ですぐれた成果を出すためには、お金のことを気にせず、研究に集中できる環境が必要です。文部科学省は、最先端の研究に対して、お金を出して、長く研究がつづけられるよう手助けをしています。

また、すぐれた技術を開発するには、研究環境だけでなく、科学をこころざす人が、さらに才能をのばせる環境をつくることも重要です。文部科学省の関係する「科学技術振興機構」では、大学や研究機関、企業などと協力し、中学生や高校生が参加できるコンテストの開催や支援などのとりくみをおこなっています。

科学技術振興機構でおこなう、さまざまなコンテスト

日本学生科学賞

全国の中高生を対象にした科学コンクール。身のまわりの小さな疑問などについて、実験や研究などをまとめた作品を募集します。

科学の甲子園・科学の甲子園ジュニア

高校生や中学生チームが、理科・数学・情報に関する競技をおこないます。高校大会で優勝したチームは、アメリカでおこなわれる、より大きな大会の参加資格を得られます。

写真提供：科学技術振興機構

2016年におこなわれた、第4回科学の甲子園ジュニアのようす。

さまざまな日本の最先端研究

宇宙からやってくるつぶを観測！

東京大学宇宙線研究所は、宇宙から飛んでくる目に見えない小さなつぶ「ニュートリノ」の研究などをおこなっています。この分野では、2002年に小柴昌俊さんが、2015年に所長の梶田隆章さんがノーベル物理学賞を受賞しました。

写真提供：東京大学宇宙線研究所 神岡宇宙素粒子研究施設

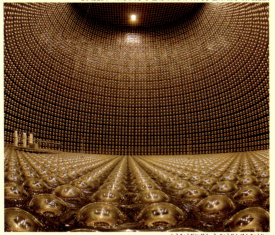

ニュートリノの研究をおこなっている東京大学宇宙線研究所の施設「スーパーカミオカンデ」。

すぐれたAI（人工知能）の開発

人間の脳に近いはたらきをするコンピュータ「人工知能（AI）」の開発が世界で進んでいて、日本も積極的にとりくんでいます。

2016年に開設された理化学研究所革新知能統合研究センター（AIP）では、文部科学省だけでなく経済産業省や総務省など、ほかの省とも協力して、実際の産業にも役立つAIをつくる研究にとりくんでいます。

日本発、113番目の新元素を発見！

理化学研究所は、自然科学の研究をはば広くおこなう機関です。ここでおこなわれた研究が、世界の注目を集めました。

すべての物質は目に見えない小さなつぶ「原子」でできています。原子の種類を「元素」といい、これまでに112種類が見つかっていました。

理化学研究所の森田浩介さんのチームは、2004年に新しい元素をつくることに成功し、2015年12月に、113番目の元素の発見者としてみとめられました。元素名「ニホニウム（Nh）」として登録されています。

文部科学省の仕事

高性能なスーパーコンピュータの開発など、ほかにも日本全国でさまざまな研究が進められているよ。

宇宙や地球についての研究

文部科学省は、ロケットや人工衛星、海底探査、地震・防災といった、宇宙、地球や海洋などの研究や開発にもかかわっています。どんなことをしているのか、見ていきましょう。

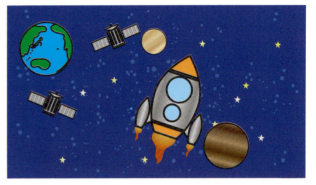

宇宙や航空分野の研究と開発

ロケットで打ち上げられ、宇宙に送られる人工衛星は、通信・放送、気象予報、地球観測など、人びとの生活や産業に役立っています。

人工衛星の技術は、身近でも利用されています。たとえば、車についているカーナビ。画面の地図を見ると自分の車の位置がわかりますが、カーナビは宇宙の人工衛星からの信号を受けて、自分のいる場所がわかるしくみになっています。

このような「宇宙開発」の分野も、文部科学省のとりくみの一つです。日本の宇宙開発は、文部科学省が関係する宇宙航空研究開発機構（JAXA）が中心となっておこなっています。

日本の宇宙開発

国際宇宙ステーション（ISS）に参加

宇宙での研究・実験を進めるために地上から約400km上空に建設された、巨大な宇宙施設。日本をはじめ、計15か国が参加しています。

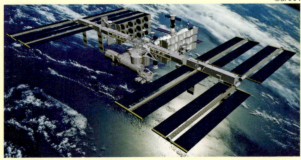
国際宇宙ステーション(ISS)。 ©JAXA

宇宙ステーション補給機「こうのとり」 ©JAXA/NASA

宇宙に打ち上げて、ISSでの研究に必要な、水や食料のほか、新しい実験装置などをはこんでいます。

宇宙ステーション補給機「こうのとり6号機」。

文部科学省の仕事

地球の自然について調査

　日本は、地震や津波、火山の噴火、台風、豪雨、豪雪など自然災害が多く発生する国です。そのため、自然災害への対策についての研究が、文部科学省を中心におこなわれています。

　たとえば、地震がおこる確率や大きさを正確に予測する研究や、ゆれに対して建物の被害を小さくする耐震技術の研究がさかんです。

　また、高性能のスーパーコンピュータ「地球シミュレータ」などをつかい、地球環境の変化を、より高い精度で予測する研究なども支援しています。

地震がおこるしくみや、海底下の地層や微生物を調べる、地球深部探査船「ちきゅう」。

写真提供：防災科学技術研究所　E-ディフェンス

実物大の建物をこわして耐震性を調査する実験。

原子力の研究もおこなう

　文部科学省は経済産業省とともに原子力発電の研究をおこなっていて、おもに科学技術の部分を受けもちます。

　2011年の東日本大震災でおきた福島第一原子力発電所の事故をふまえて、原子力の安全確保や平和利用のために必要と考えられる研究を進めています。

原子力発電については、賛成や反対のさまざまな意見があるんだ。

文部科学省の仕事

スポーツを広める　スポーツ庁

スポーツ庁は、文部科学省に所属する機関の一つです。だれもがスポーツを楽しめるためのとりくみや、スポーツを広める仕事をするのが、おもな役目です。

文部科学省の仕事

 ## スポーツを通して健康に

　毎年、10月の第2月曜日の体育の日にあわせて、学校で体力テストがありますね。このテストは正式には「体力・運動能力調査」といい、スポーツ庁がおこなっています。

　小学校の体育は、運動に親しむことからはじめて、高学年になるにしたがって、体力がつくような授業になっています。中学校の体育の授業では、柔道や剣道などの武道や、ダンスがとりいれられます。スポーツ庁は、部活動もふくめて、学校でいろいろなスポーツを体験できる方針を、文部科学省とともに考えています。

　また、いろいろなスポーツができる環境が地域にあると、はたらいている人やお年よりをはじめ、多くの人が運動をするきっかけになります。こうしたスポーツ施設の設置に、お金を出すなどの手助けもしています。

スポーツをする人の割合

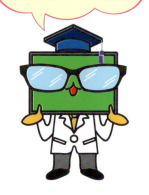

スポーツは、高血圧などの病気をふせぐと考えられているよ。

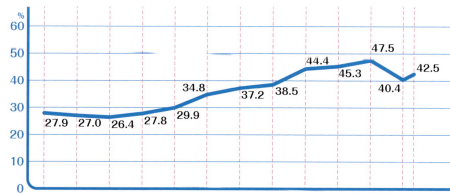

20歳以上の成人で、週1回以上スポーツをしている人の割合をしめす。　資料：スポーツ庁

スポーツ選手の強化育成

トップレベルの選手が競技に専念するためには、強化のための環境とお金が必要です。また、最先端のスポーツ科学の研究も欠かせません。こうした面を手助けして、いろいろな競技をかげでささえているのも、スポーツ庁です。

スポーツ庁はもともと、2020年のオリンピック・パラリンピック東京大会にむけてつくられた機関です。オリンピックのような国際的な大会での活躍が期待される次世代のアスリートを発掘し育てることは、たいせつな仕事です。

東京都にあるナショナルトレーニングセンターでは、オリンピックに参加するようなトップ選手たちが練習している。

あこがれのトップ選手たちの多くも、ナショナルトレーニングセンターで練習しているんだ。

文部科学省の仕事

スポーツを通した国際交流

2020年のオリンピック・パラリンピック東京大会をきっかけに、開催国として、世界の人びとにスポーツの楽しさを伝えるための、さまざまな国際貢献である「スポーツ・フォー・トゥモロー」を進めています。

たとえば、スポーツを楽しむ機会があまりない国などで、子どもたちにスポーツの魅力を広める活動をしています。こうした活動を通じて、世界の人びとと交流を深めています。

スポーツ庁が協力し、アフリカのマラウイでひらかれた「UNDOKAI」のようす。

文化的な財産を守る 文化庁

文部科学省に所属する文化庁では、演劇、音楽、美術などの芸術を応援して、日本の芸術文化をさかんにするとりくみをしています。

文部科学省の仕事

日本のたいせつな財産

みなさんの住んでいる町に、古いお寺や、貴重な展示品が見られる博物館などはありますか？ こうした建造物や資料は、現在まで守られ、伝えられてきた貴重な日本の財産です。

文化庁は「文化財保護法」という法律にもとづいて、建造物、絵画、彫刻などのうち、価値が高く重要なものを重要文化財として指定しています。そのなかでも、とくに価値の高いものを国宝と定めています。

文化財には、形のあるものだけでなく、演劇や音楽など、形のない文化財もあります。こうした文化財を、「無形文化財」といいます。「人間国宝」は、重要無形文化財を伝承しているとみとめられた人をよぶことばです。

さらに、世界的な価値があると考えられるものを、ユネスコという国際的な機関に推薦して、世界遺産（→52ページ）や無形文化遺産への登録をおし進めています。

文化財の種類

有形文化財
建造物、絵画、彫刻、工芸品、古い文書など

無形文化財
演劇、音楽、工芸技術など

民俗文化財
古くからおこなわれている年中行事、民俗芸能など

記念物
古墳、城址、動物（生息地、繁殖地、渡来地もふくむ）

文化的景観
地域の風土によって形成された景観地

日本文化を海外に発信

わたしたちの楽しんでいる日本のまんがやアニメ、ゲーム……。世界で人気を集めるこれらの作品も、日本の財産といえます。

文化庁では、こうした日本文化を広める活動をおこなうと同時に、世界で活躍する日本の芸術家を育てるとりくみもしています。演劇や音楽、ドラマなどの作品を対象とした文化庁芸術祭や、アニメやまんがなどの中からすぐれた作品をえらぶ文化庁メディア芸術祭を開催しています。

文化庁メディア芸術祭では、受賞作品の展示や上映もおこなっている。

文部科学省の仕事

姫路城は、歴史的にたいへん貴重な建造物として国宝に指定されていて、世界遺産でもある。

作品の権利を守る

音楽やアニメ、ゲームなどの作品が、無断でコピーされたりすることが、近年とくに問題になっています。

文学、音楽、美術などの作品に対して、つくった人（著作者）がもつ権利を「著作権」といいます。この著作権を保護するのも、文化庁の仕事です。著作権は作品をつくったら自動的に発生する権利で、著作者ではない人が作品を勝手に利用したり、内容を変えたりすることはできません。

たいせつな財産として、未来にのこしていかなければいけないね。

貴重な動物を天然記念物に指定したりもしているよ。

文化庁の仕事は、ほかにもたくさんあるよ。49ページを見てね。

そのほかの文部科学省の仕事

 海外でも教育をサポート

親の仕事の都合などで、海外にくらす日本人の子どももたくさんいます。そういった子どもが学ぶために、日本の教育をおこなう日本人学校をはじめ、世界各地に、文部科学省が認定する「在外教育施設」があります。

日本人学校では、日本の教科書をつかって、日本の学校の授業と同じ内容を学習します。現地に住んでいる日本人や日本企業などが運営していて、多くの場合、日本だけでなく、その国の文化や歴史などについても学びます。また、その国のことばを学んで、現地の学校と交流しているところもたくさんあります。

また、日本人学校以外の現地の学校に通う子どものため、土曜日や放課後に、国語を中心に授業をおこなう学校もあります。

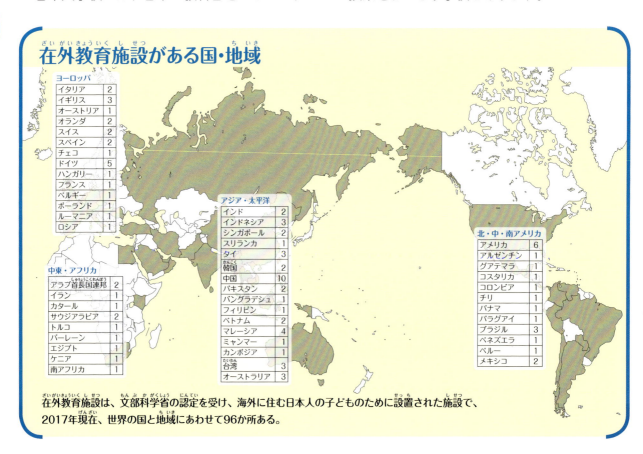

在外教育施設がある国・地域

ヨーロッパ

国	数
イタリア	2
イギリス	3
オーストリア	1
オランダ	2
スイス	2
スペイン	2
チェコ	1
ドイツ	5
ハンガリー	1
フランス	1
ベルギー	1
ポーランド	1
ルーマニア	1
ロシア	1

中東・アフリカ

国	数
アラブ首長国連邦	2
イラン	1
カタール	1
サウジアラビア	2
トルコ	1
バーレーン	1
エジプト	1
ケニア	1
南アフリカ	1

アジア・太平洋

国	数
インド	2
インドネシア	3
シンガポール	2
スリランカ	1
タイ	3
韓国	2
中国	10
パキスタン	2
バングラデシュ	1
フィリピン	1
ベトナム	2
マレーシア	4
ミャンマー	1
カンボジア	1
台湾	3
オーストラリア	3

北・中・南アメリカ

国	数
アメリカ	6
アルゼンチン	1
グアテマラ	1
コスタリカ	1
コロンビア	1
チリ	1
パナマ	1
パラグアイ	1
ブラジル	3
ベネズエラ	1
ペルー	1
メキシコ	2

在外教育施設は、文部科学省の認定を受け、海外に住む日本人の子どものために設置された施設で、2017年現在、世界の国と地域にあわせて96か所ある。

「食育」の大事さを教える

近年、朝ごはんをぬいたり、栄養のかたよった食事をしたりする人がふえているといわれ、問題となっています。

そこで学校では、食のたいせつさ、栄養の知識や健康な食習慣を学ぶ「食育」という学習がおこなわれています。朝ごはんの大事さを伝える「早寝早起き朝ごはん」という運動も、その一つです。

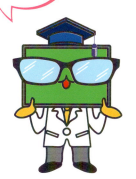

食育のとりくみは、厚生労働省や農林水産省もかかわって進められているよ。

文部科学省の仕事

文化庁の仕事も、ほかにもたくさん！

外国人向けの日本語教育

日本でくらす外国人には、日本語の能力が不十分で、生活に不便を感じている人もいます。そこで文化庁では、日本語教室をひらくことを支援するなど、外国の人に日本語を学ぶ機会を提供しています。

国語について調査し発表する

日本人のことばのつかい方や国語の理解度などを、定期的に調査しています。調査の結果は、国が教育の方針を考えるのに役立てられます。また、ことばの意味やつかい方が時代によってかわる例を紹介するなど、国語への興味や関心を引き出すとりくみなども進めています。

はて〜

食べれる？食べられる？

宗教法人を管理する

仏教のお寺やキリスト教の教会などの「宗教法人」がきちんと活動をしているかを、管理しています。新しい宗教法人をつくるといったときにも、文化庁にとどけ出る必要があります。

時代の変化にともなって、「日本語の形」もかわっていくんだね。

文部科学省　データを見てみよう

国にとってたいへん重要な「教育」を担当する文部科学省には、とても大きな役割があります。いろいろなデータを見ていきましょう。

文部科学省の仕事

教育の充実と、子どもの数の減少

小・中学校の1クラスの人数は、年ねん少なくなっています。これは文部科学省のとりくみによるもので、先生の負担を軽くして、子どもが授業や学校生活に、より集中できる環境をととのえるためです。

一方、子どもの数自体も、この60年間で約半分にまで減少しています。日本をはじめとする先進国では、生まれてくる子どもの数が減少する「少子化」が進んでおり、それによる学校の統合や閉鎖などもふえています。

1955年には2万6000以上あった小学校も、現在では2万くらいにまでへっているんだ。

小・中学校の児童・生徒数と、1クラスの平均人数の移りかわり

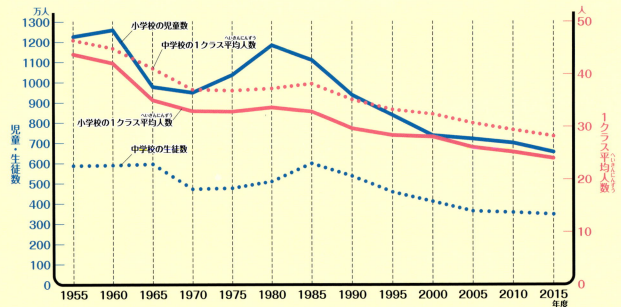

資料：文部科学省「文部科学統計要覧」(平成29年版)

大学に進む人がふえた!

昔の日本では、多くの人が中学校や高校を出るとすぐにはたらいていましたが、現在、大学へ進学する人はふえています。

2017年現在では、男性、女性ともに半分以上の人が、大学または短期大学に進学するようになりました。

とくに女性の割合がふえているんだね。

同時に、卒業後や結婚後も会社などではたらく女性もふえているよ。

大学・短期大学への進学率の移りかわり

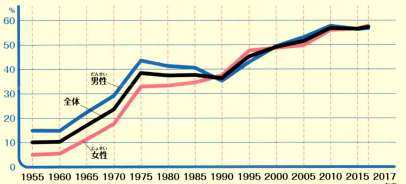

資料：文部科学省「学校基本調査」

学習できる環境の整備

学校だけでなく、地域の図書館や博物館などの整備も進められ、その数は増加しています。「学ぶ環境」を充実させるために、さまざまな施設がととのえられています。

博物館の数と図書館の数の移りかわり

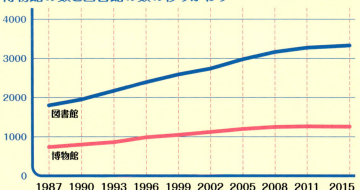

ここでの博物館は、美術館や動物園、植物園、水族館などもふくまれる。

資料：文部科学省「社会教育調査」

文部科学省の仕事

たいせつな文化や自然を守る

ユネスコ（国際連合教育科学文化機関）という国際的な組織がおこなっている、世界の貴重な文化や自然を守り、未来にひきつぐ試みの一つが世界遺産です。日本では文化庁が、その手続きなどをおこなっています。

世界遺産に登録するための手続きは、まず国が候補地をえらび、ユネスコに推薦します。さまざまな調査がおこなわれ、審査に合格すると、晴れて世界遺産リストに登録されるのです。

世界遺産は、その内容によって文化遺産、自然遺産、文化と自然の両方の要素をもつ複合遺産に分けられます。2017年現在、日本には文化遺産17件と自然遺産4件の、計21件の世界遺産があります。

日本の世界遺産
青…文化遺産
ピンク…自然遺産

▲明治日本の産業革命遺産
製鉄・製鋼、造船、石炭産業
（全国8エリアに23遺産）

- 知床
- 白神山地
- 平泉―仏国土（浄土）を表す建築・庭園及び考古学的遺跡群
- 白川郷・五箇山の合掌造り集落
- 富岡製糸場と絹産業遺産群
- 古都京都の文化財
- 日光の社寺
- 石見銀山遺跡とその文化的景観
- ル・コルビュジエの建築作品―近代建築運動への顕著な貢献―（国立西洋美術館）
- 原爆ドーム
- 厳島神社
- 富士山―信仰の対象と芸術の源泉
- 「神宿る島」宗像・沖ノ島と関連遺産群
- 古都奈良の文化財
- 法隆寺地域の仏教建造物
- 琉球王国のグスクおよび関連遺産群
- 紀伊山地の霊場と参詣道
- 姫路城
- 屋久島
- 小笠原諸島

どうして富士山は文化遺産なの？

富士山が、多くの芸術作品のテーマになるほど美しく、人びとにうやまわれていたからだよ。

文部科学省の仕事

文部科学省　なんでもQ&A

これまでのページで学んだこと以外にも、文部科学省についてのいろいろな疑問をたずねてみましょう。

文部科学省は、いつ、どうやってできたの？

文部科学省は、それまであった文部省と科学技術庁という2つの省庁があわさって、2001年にできた。教育と科学技術の研究はとても関係が深いので、1つになることで、効率のよいとりくみができると考えられたんだ。

「教育委員会」ってなに？

地域の教育を担当する組織で、全国の都道府県と市区町村にかならずおかれているよ。学校を運営する基本的な考え方をきめるなどの仕事をしているのは、教育委員会の人たちだ。

文部科学省の仕事

どうして小学校が6年、中学校が3年なの？

1947年にできた法律できめられているからだよ。それ以前は、小学校は8年だったり、3年だったりしたときもあったんだ。最近は、この9年間の分け方を、地域や学校ごとに自由にきめようという考え方も出ているよ。

科学技術の研究は文部科学省だけの仕事なの？

多くの研究は民間の会社でもおこなわれているので、企業活動にかかわる経済産業省も大事な仕事をしているよ。科学技術以外の分野でも、文部科学省は、ほかの省とさまざまな分野で協力しているんだ。

文部科学省のこと、もっと知りたいなら

文部科学省について、もっと深く知りたい人のために、文部科学省の仕事にかかわる本やホームページ、見学できる施設などを紹介します。

わからないことは、施設の人に問い合わせてみるのもいいね。

オススメの本

「ビジュアル版 学校の歴史」（全4巻）

岩本努・保坂和雄・渡辺賢二／共著
汐文社

学校はいつできた？ 運動会はいつからはじまった？ 明治時代以降、近代の日本の学校がどのように整備されていったのか、たくさんの貴重な写真や絵で解説している。

オススメのホームページ

文部科学省こどもページ
http://www.mext.go.jp/kidscity
「ストーリーモード」では、お話を通して、文部科学省の活動について学べる。

**世界遺産 富士山とことんガイド
（基礎知識 〜子ども編）**
http://www.fujisan223.com/knowledge/kids
2013年に世界遺産に登録された富士山だけでなく、ほかの世界遺産についての解説も充実。

オススメの施設

玉川大学教育博物館
江戸時代と近代の、日本の教育の歴史を紹介する博物館。江戸時代に庶民の教育をおこなっていた寺子屋を復元した展示もある。
住所：東京都町田市玉川学園6-1-1
電話：042-739-8656

玉川大学教育博物館の展示。

東書文庫
日本初の、教科書を専門にした図書館。江戸時代から現代までの、教材や教科書を保存している。
住所：東京都北区栄町48-23
電話：03-3927-3680

文部科学省の仕事

さくいん

あ
- 一貫教育 …… 34
- 宇宙開発 …… 42
- 宇宙航空研究開発機構 …… 42
- 円高 …… 18、19
- 円安 …… 18、19
- 大蔵省 …… 29

か
- 科学技術振興機構 …… 40
- 科学技術庁 …… 53
- 学習指導要領 …… 35
- ガソリン税 …… 10
- 貨幣 …… 20、21、26
- 為替レート …… 18、19、27
- 関税 …… 14
- 記念物 …… 46
- 義務教育 …… 34
- 教育委員会 …… 34、53
- 金融庁 …… 29
- 公庫 …… 24
- 高等学校卒業程度認定試験 …… 39
- 国債 …… 11、28
- 国税 …… 29
- 国税局 …… 22
- 国税事務所 …… 22
- 国内総生産 ▶ GDP
- 国宝 …… 46
- 国有財産 …… 16、17
- 国立印刷局 …… 21、25

さ
- 在外教育施設 …… 48
- 歳出 …… 12
- 財政投融資 …… 24
- 財投債 …… 24
- 歳入 …… 12
- GDP …… 28
- 自然遺産 …… 52
- 紙幣 …… 20、21、26
- JAXA ▶ 宇宙航空研究開発機構
- 宗教法人 …… 49
- 住民税 …… 29
- 重要文化財 …… 46
- 重要無形文化財 …… 46
- 酒税 …… 10
- 生涯学習 …… 39
- 奨学金 …… 37
- 消費税 …… 10、11、29
- 所得税 …… 10、22、23、29
- 新共通テスト …… 36
- 税関 …… 15
- 税金 …… 10、11、22、23
- 税務署 …… 22、23
- 世界遺産 …… 46、52
- 相続税 …… 10
- 造幣局 …… 20

た
- 大学入試センター試験 …… 36
- 体力・運動能力調査 …… 44
- 地方税 …… 29
- 著作権 …… 47
- 天然記念物 …… 47

な
- 日本銀行 …… 21
- 日本銀行券 …… 21
- 人間国宝 …… 46

は
- パスポート …… 25
- 複合遺産 …… 52
- 文化遺産 …… 52
- 文化財保護法 …… 46
- 文化庁芸術祭 …… 47
- 文化庁メディア芸術祭 …… 47
- 文化的景観 …… 46
- 貿易 …… 14、15
- 法人税 …… 10
- 放送大学 …… 39
- 補正予算 …… 12

ま
- 民俗文化財 …… 46
- 無形文化財 …… 46
- 文部省 …… 53

や
- 有形文化財 …… 46
- ユネスコ …… 46、52
- 予算 …… 12、13

監修 出雲 明子（いずも あきこ）

1976年、広島県生まれ。国際基督教大学大学院行政学研究科博士課程修了。博士（学術）。現在、東海大学政治経済学部准教授。専門は、行政学および公務員制度論。おもな著書に、『公務員制度改革と政治主導―戦後日本の政治任用制』（東海大学出版部）、『はじめての行政学』（共著、有斐閣）など。

キャラクターデザイン・イラスト　いとうみつる

編集・制作　株式会社アルバ
執筆協力　金田妙、斉藤道子
表紙・本文デザイン　ランドリーグラフィックス
DTP　スタジオポルト
写真協力　航空自衛隊、湘南ひばり保育園、青年海外協力協会、造幣局、日本銀行、東京理科大学、放送大学、姫路市、文化庁メディア芸術祭事務局、アフロ、pixta

いちばんわかる！日本の省庁ナビ4
財務省・文部科学省

2018年4月　第1刷発行

【監　修】出雲明子
【発行者】長谷川 均
【編　集】堀 創志郎
【発行所】株式会社ポプラ社
　　　　　〒160-0565　東京都新宿区大京町22-1
　　　　　電話：03-3357-2212（営業）03-3357-2635（編集）
　　　　　振替：00140-3-149271
　　　　　ホームページ　www.poplar.co.jp（ポプラ社）
【印刷・製本】大日本印刷株式会社

ISBN 978-4-591-15728-2　N.D.C.317　55P　25cm　Printed in Japan

落丁・乱丁本は、送料小社負担でお取り替えいたします。小社製作部宛にご連絡ください。電話：0120-666-553　受付時間：月〜金曜日9：00〜17：00（祝日・休日は除く）。本書のコピー、スキャン、デジタル化等の無断複製は著作権法上での例外を除き、禁じられています。本書を代行業者等の第三者に依頼してスキャンやデジタル化することは、たとえ個人や家庭内での利用であっても著作権法上認められておりません。

全7巻
監修／出雲明子

いちばんわかる！
日本の省庁ナビ

1. **政治のしくみ** N.D.C.310
2. **内閣府・総務省** N.D.C.317
3. **法務省・外務省** N.D.C.317
4. **財務省・文部科学省** N.D.C.317
5. **厚生労働省・農林水産省** N.D.C.317
6. **経済産業省・国土交通省** N.D.C.317
7. **環境省・防衛省** N.D.C.317

● 小学高学年以上　● 各55ページ　● セット N.D.C.317
● A4変型判　● オールカラー　● 図書館用特別堅牢製本図書

★ポプラ社はチャイルドラインを応援しています★

こまったとき、なやんでいるとき、
18さいまでの子どもがかけるでんわ
チャイルドライン®
0120-99-7777
ごご4時〜ごご9時　＊日曜日はお休みです
電話代はかかりません　携帯・PHS OK

ナイカくん
内閣府

ソームぴょん
総務省

法務省

こうろうママ
厚生労働省

ノースイじい
農林水産省

ケイサンダー
経済産業省